SOUVENIR

M. ADOLPHE VUITRY

ANCIEN MINISTRE PRÉSIDANT LE CONSEIL D'ÉTAT.

MEMBRE DE L'INSTITUT.

PARIS
TYPOGRAPHIE A. HENNUYER
RUE DARCET, 7

1887

Offert par Madame Adolphe Vuitry

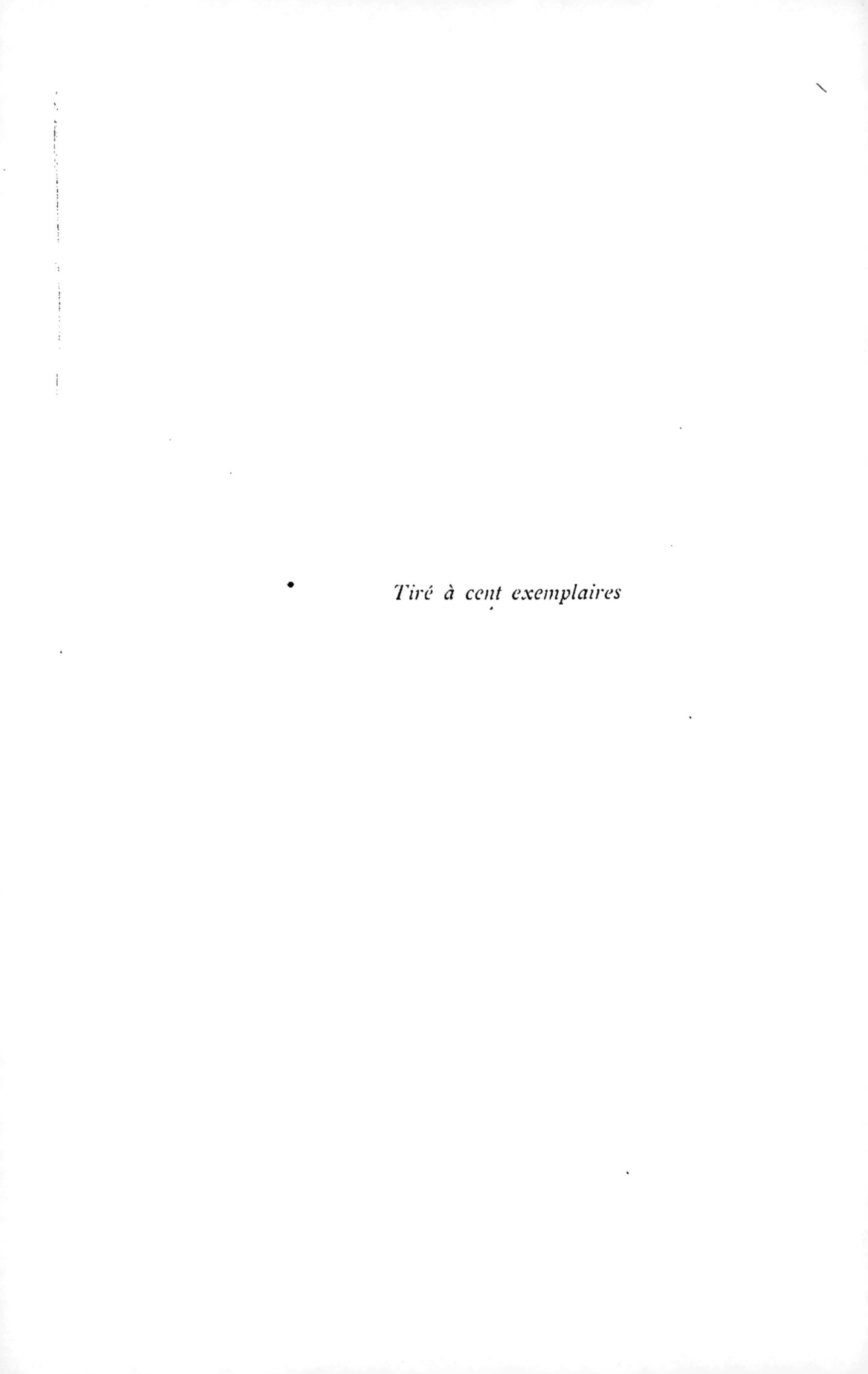

Tiré à cent exemplaires

M. ADOLPHE VUITRY

SOUVENIR

M. ADOLPHE VUITRY

ANCIEN MINISTRE PRÉSIDENT DU CONSEIL D'ÉTAT

MEMBRE DE L'INSTITUT

PARIS
TYPOGRAPHIE A. HENNUYER
RUE DARCET, 7

1887

M. ADOLPHE VUITRY

I

BIOGRAPHIE

Adolphe VUITRY, fils de Julien-Marin et d'Amable-Louise Hardy, est né à Sens (Yonne) le 31 mars 1813.

Élève à l'École polytechnique, 30 octobre 1832 (1).

Élève à l'École des ponts et chaussées, 3 novembre 1834.

Licencié en droit, 17 septembre 1835.

Avocat à la Cour royale de Paris, 7 novembre 1835.

Docteur en droit, 31 août 1838.

Secrétaire de la Conférence des avocats de Paris, année 1838-1839.

Chef du Cabinet du ministre de la justice et des cultes, 30 juin 1839.

Chef de la 1re section de la Direction des cultes, 17 juin 1840 ; sous-directeur aux Cultes, 31 décembre 1844.

Maître des Requêtes au conseil d'État en service extraordinaire, 28 octobre 1842 ; en service ordinaire, 19 juillet 1846.

Sous-secrétaire d'État au ministère des finances, 26 avril 1851.

Conseiller d'État, 25 janvier 1852.

Président de la section des finances au conseil d'État, 24 juin 1857.

Membre de l'Institut (Académie des sciences morales et politiques), 15 mars 1862.

Gouverneur de la Banque de France, 15 mars 1863.

Conseiller d'État hors section, 16 mai 1863.

(1) M. Adolphe Vuitry a fait toutes ses classes au collège de Sens, comme externe et sous les yeux de son père ; il est venu à Paris pour sa préparation à l'École polytechnique, et, en même temps qu'il suivait les cours de mathématiques, il a pris ses inscriptions à l'École de droit. Il a subi le premier examen de baccalauréat en droit le 3 août 1831 ; puis le second de baccalauréat, les deux examens et la thèse de licence, du 4 février au 17 septembre 1835.

Vice-président honoraire au conseil d'État, 18 octobre 1863.

Ministre présidant le conseil d'État, 28 septembre 1864 (démissionnaire le 17 juillet 1869).

Membre du Conseil de l'instruction publique, 15 octobre 1864.

Président du comité du Contentieux au ministère des affaires étrangères, 13 mars 1869.

Sénateur, 21 juillet 1869.

Président du Conseil d'administration de la Compagnie du chemin de fer de Paris-Lyon-Méditerranée, 25 août 1871 ; président honoraire, 15 novembre 1878.

Président de l'Académie des sciences morales et politiques, 1877.

Président de la Société de l'Histoire de France, année 1876-1877.

Membre du Conseil général de l'Yonne, 1852-1871 ; président de ce conseil, 1865-1870.

Chevalier de l'Ordre de la Légion d'honneur, 29 janvier 1851 ; officier, 13 mai 1858 ; commandeur, 1er septembre 1860 ; grand officier, 13 août 1864; grand-croix, 4 août 1867. — Grand-croix de l'Ordre des Saints Maurice et Lazare, 1863 ; de l'Ordre du Lion et du Soleil de Perse, 1874 ; de l'Ordre de l'Aigle blanc de Russie, 1875.

M. Adolphe Vuitry est mort dans la soirée du 23 juin 1885, à Saint-Donnin (1), près Montereau (commune de Marolles-sur-Seine, département de Seine et-Marne) ; il était âgé de soixante-douze ans.

De son mariage avec Marie-Caroline-Jenny Bret sont nées trois filles : Blanche, mariée en 1869 à Henri Germain ; Marie, mariée en 1864 à Adolphe Chévrier ; Cécile, mariée en 1865 à Paul Hély d'Oissel.

Il n'a pas eu de fils.

(1) On écrit usuellement *Saint-Donain*, mais cette orthographe est fautive. — M. Adolphe Vuitry résidait l'été à Saint-Donnin, dans une maison qu'il s'était fait construire en 1861-1862, et qu'on a nommée le *Chalet*. — M. Vuitry père avait acquis le domaine de Saint-Donnin en 1820 (il l'avait recueilli dans la succession de Mme Bellaigne, sa sœur); il y a vécu trente et un ans, de 1848 à 1879. La maison plus petite où il habitait seul, le *Pavillon*, était une partie conservée des bâtiments de l'ancien *prieuré* de Saint-Donnin ; l'*ecclesia Beati Domnini* ou *Donnini sita propè Metrolas*, déjà mentionnée dans des titres du douzième siècle, a dépendu de la célèbre abbaye de Saint-Victor (*a*).

Bien que la santé de M. Adolphe Vuitry fût ébranlée assez gravement depuis plusieurs années, aucun signe n'a fait prévoir sa fin soudaine ; il a été frappé debout, dans la pleine possession et dans toute la vigueur de son intelligence.

(*a*) Archives nationales, fonds de l'abbaye de Saint-Victor.

Par son père, M. Adolphe Vuitry descendait d'une famille établie, aux dix-septième et dix-huitième siècles, sur les confins de la Champagne et des Ardennes.

Pierre, premier de ce nom, son trisaïeul, vivait en 1702 (1) à Machault-en-Champagne (actuellement chef-lieu de canton de l'arrondissement de Vouziers, département des Ardennes) ; il y est mort le 26 octobre 1732, à l'âge d'environ soixante ans (2).

Pierre, deuxième de ce nom, fils du précédent et de Julienne Buneaux (3), né à Machault, a été baptisé le 25 juillet 1707 ; la date et le lieu de sa mort sont inconnus (4). Il a exercé la charge de procureur

(1) Acte de baptême de Jean-Baptiste, son fils, 31 mars 1702, à Machault.

(2) Son acte d'inhumation (voir p. 13) le qualifie *laboureur, âgé d'environ soixante ans*, et n'indique ni la date et le lieu de sa naissance ni le nom de ses parents.

Les anciens registres de la paroisse de Machault existent pour les années 1674 à 1790 aux archives de la commune ; on y relève le nom de Vuitry dans quarante actes, dont aucun n'est postérieur au 21 septembre 1761, ni antérieur au 31 mars 1702 ; Pierre est donc venu se fixer à Machault vers la fin du dix-septième siècle ou dès le commencement du dix-huitième. On trouve, pendant la période qui va de 1660 à 1790, des Vuitry à Asfeld (actuellement chef-lieu de canton de l'arrondissement de Réthel, département des Ardennes), à Blanzy près Asfeld, à Monthois, Machault et autres paroisses de la même région ; formaient-ils une ou plusieurs familles ? recherche assez difficile, qui n'aurait ici que peu d'intérêt.

La qualité de *laboureur*, donnée à Pierre 1er dans son acte d'inhumation, à Pierre 2e, avec celle de procureur fiscal, dans un acte de baptême du 3 mars 1740, etc., ne doit pas être entendue au sens étroit que l'usage attribue maintenant à ce mot (*a*). Les Vuitry paraissent avoir été, à l'époque dont on parle, des cultivateurs ayant de l'aisance et tenant leur place dans le pays. Le curé de Juzancourt, en 1670, était un Vuitry ; Guillaume Vuitry était lieutenant de justice à Blanzy en 1657, Jean Vuitry en 1698 ; Pierre Vuitry était curé de Poilcourt en 1712 ; Jean-Baptiste et un autre Pierre (Pierre 2e) ont été procureurs fiscaux à Machault entre 1730 et 1750 ; un Vuitry était notaire à Brienne vers 1740.

Le nom patronymique, sur les registres de la paroisse de Machault, est écrit tantôt *Vuitry*, tantôt *Vitry* dans le corps des actes ; il est toujours signé *Vuitry* ou *Witry*.

(3) *Buneaux* dans son acte d'inhumation ; *Buniau*, *Buneau* dans d'autres actes.

(4) Il n'existait plus à la fin de 1773 : le 19 novembre de cette année, Marguerite Viellard, sa femme, est qualifiée *veuve*, dans l'acte de mariage de leur fille Marie-Françoise avec Pierre Dauphinot (registres de la paroisse de Saint Hilaire à Reims.)

(*a*) Un *riche laboureur*, sentant sa mort prochaine,
Fit venir ses enfants, leur parla sans témoins.
« Gardez-vous, leur dit-il, de vendre *l'héritage*
Que nous ont laissé nos parents. »

LAFONTAINE, liv. V, f. [illegible]

fiscal de la justice et vicomté de Machault ; il est probable que cette charge lui avait été directement transmise par son frère aîné, Jean-Baptiste, mort à Machault le 15 avril 1736.

Paul, fils du précédent et de Marguerite Viellard, est né le 28 avril 1746 à Machault ; il a succédé en 1776 à Me Dedun, dans l'office de procureur au Parlement de Paris ; il est mort (1) dans sa terre de Boisbouzon (Cher) le 23 floréal an XIII, à l'âge de cinquante-neuf ans (2).

Julien-Marin, père de M. Adolphe Vuitry, fils de Paul et Jeanne-Victoire Vaufrouard, est né à Paris le 24 février 1786.

Élève à l'École polytechnique, 1er frimaire an XII.

Élève à l'École des ponts et chaussées, 1er frimaire an XIV.

Employé comme élève dans le département de l'Orne, 1807.

Envoyé en mission pour une section du grand canal du Nord (Meuse Inférieure), 1808.

Aspirant ingénieur à Agen (Lot-et-Garonne), 1809.

Ingénieur ordinaire de deuxième classe à Sens (Yonne), 1810 ; en congé illimité, 1823 ; honoraire, 1838.

Membre du Conseil municipal de Sens, 1821-1848 ; maire de Sens (3),

(1) Des suites d'un accident de chasse.

(2) Paul Vuitry logeait rue des Bernardins, sur la paroisse de Saint-Nicolas-du-Chardonnet, lors de la naissance de son fils Julien-Marin en 1786. Il acquit, en 1787, une maison rue Saint-Guillaume ; il s'y installa en 1790 (a) ; c'est là qu'il passa les jours de la Terreur, et il y habita jusqu'à l'époque de sa mort. — La maison de Paul Vuitry, rue Saint-Guillaume, est celle qui porte maintenant le numéro 11 ; elle appartient à M. Antonin Bellaigue, dont le père avait épousé en premières noces une fille de Paul Vuitry, Marie-Maximine, qui est morte jeune et sans enfants le 15 mai 1819.

M. Oscar Pinard a nommé Paul Vuitry dans son ouvrage sur *Le Barreau au dix-neuvième siècle*. « M. Bellart allait souvent, dit-il, à la maison des champs de M. l'avocat général (Hérault de Séchelles) avec M. Pigeau, qui avait été le secrétaire de ce dernier, et avec M. Vitry (*sic*), procureur au Parlement. Je cite ce fait entre tant d'autres faits, comme un exemple de cette égalité dans les mœurs qui avait fait de l'ancienne société française la plus aimable des sociétés et que n'a pas remplacée l'égalité dans les lois, à laquelle manquera toujours l'attrait qu'il n'est pas au pouvoir des lois de décréter. Là venait aussi Le Peletier de Saint-Fargeau, président à mortier au Parlement de Paris... » (*Le Barreau au dix-neuvième siècle*, t. I, p. 132 ; Paris, 1864.)

(3) Ce fut dans les premiers temps de son administration que le choléra de 1832 éclata à Sens ; on a cité de lui, à ce propos, des actes où se montrent la décision, la présence d'esprit, la vigueur, qui furent des traits saillants de son caractère.

(a) Voir l'*Almanach royal* de 1790, p. 378.

1832-1837 ; membre du Conseil d'arrondissement de Sens, 1826-1831 ; membre du Conseil général de l'Yonne, 1831-1848, et président de ce conseil.

Député de l'Yonne, 1834-1848 ; rapporteur des budgets de 1843, 1845, 1846.

Après la révolution de Février, M. Vuitry père s'est retiré dans sa propriété de Saint-Donnin (1) ; il y est mort le 14 juin 1879, à l'âge de quatre-vingt-treize ans (2). Il a laissé, de son mariage avec Amable-

(1) Le rôle politique de M. Vuitry père a été apprécié par le *Journal des Débats*, dans une notice qui a paru le 25 juin 1879 : « ... M. Vuitry fut toujours au premier rang de ces hommes libéraux, indépendants et capables, qui soutinrent avec persévérance un régime auquel les rattachaient les intimes convictions et les instincts élevés de leur caractère et de leur esprit. Membre toujours réélu des commissions du budget, écouté de la Chambre qui reconnaissait sa compétence en matière financière, très apprécié et compté par des hommes tels que MM. Guizot et Duchatel, M. Vuitry, en 1848, profondément affecté de la chute d'un régime qui avait sa foi, rentra, pour n'en plus sortir, dans sa modeste maison de Saint-Donain, maison de sage qui ne restera pas déserte : son fils était venu l'y rejoindre (*a*). »

M. Vuitry père, en 1848, a rompu définitivement avec la politique militante ; il ne s'y est mêlé sous aucun des gouvernements qui ont succédé à la monarchie de Juillet ; il est resté foncièrement libéral, conservateur et parlementaire.

Il ne quittait Saint-Donnin que pour aller chaque hiver passer un mois au plus à Paris ; encore a-t-il cessé de le faire en 1874 ou 1875.

Pendant les loisirs de sa retraite, il s'est occupé d'horticulture ; c'était sa distraction favorite ; il a donné de longues heures à ses espaliers et à ses treilles, à son jardin potager, aux plantes utiles dont il étudiait chez lui les variétés les meilleures et les plus belles. Petit-fils et arrière-petit-fils de *laboureurs* (*b*), il avait toujours eu le goût des travaux des champs ; il aimait la terre ; il avait anciennement fait des expériences heureuses de grande culture aux *Beaudoins*, près de Sens. La *Revue horticole* l'a compté parmi ses correspondants à partir de 1860 ; elle a publié son dernier article en décembre 1875 : il avait alors près de quatre-vingt-dix ans.

(2) Ses obsèques ont été célébrées le lundi 16 juin 1879, à Marolles-sur-Seine.

Dans les paroles de pieux regrets qui ont été prononcées sur sa tombe (*c*), on a rappelé les services qu'il avait rendus depuis trente ans à la commune, notamment en 1854 — comme à Sens en 1832 — pendant une épidémie meurtrière ; il avait passé en faisant le bien, il laissait une mémoire vénérée.

M. Vuitry père avait par excellence les qualités qui distinguent une âme vaillante et forte.

Ce serait peu de dire qu'il a été honnête homme, loyal et intègre : il avait le culte, la passion du devoir, de la vérité, de la justice ; il était prompt aux colères généreuses, il ne tolérait aucune atteinte aux grands principes qu'il a religieuse-

(*a*) Cette notice est signée E. L. (Edmond Leclerc).

(*b*) Voir ci-dessus, p. 9, note 2.

(*c*) Par M. Muley, maire de Marolles-sur-Seine.

Louise Hardy (1), un fils, Adolphe, et une fille, Eugénie, mariée en 1836 à Hugues-Iéna Darcy.

ment observés. Ce serait peu de dire qu'il a été compatissant, charitable : en présence d'un malheur à secourir, d'un péril à conjurer, il avait un dévouement intrépide, le sang-froid, le courage, l'oubli de lui-même. Et ce serait peu de dire qu'il a été affectueux et bon : il avait une tendresse virile, profonde ; il a mis au premier rang dans sa vie les douleurs et les joies de la famille ; sa constance en amitié a été inaltérable ; il ne se donnait point à demi ni légèrement.

Tel a été M. Vuitry père, au témoignage des personnes qui l'ont le mieux connu ; tel son fils l'a chéri, honoré ; et, par un bien rare privilège, cette énergie de volonté, cette raison ferme et droite, cette chaleur de sentiments, Dieu les lui a conservées jusqu'aux approches de l'extrême vieillesse.

(1) Morte à Sens le 2 novembre 1817, à l'âge de vingt-six ans ; mariée en 1812 (*a*).

Aimable-Louise Hardy appartenait à une vieille famille sénonaise.

Le bisaïeul maternel de M. Adolphe Vuitry, Edme-Héracle Hardy, mort à Sens le 12 février 1783, à l'âge de soixante-six ans, est qualifié, dans un contrat de 1770, « avocat au Parlement et conseiller du Roy en l'élection de Sens » ; on trouve aux archives communales (série BB-5) les lettres de cachet qui l'ont nommé, en 1765, échevin de robe longue, sur la présentation des habitants, et le procès-verbal de son installation.

Marie-Sulpice-Héracle Hardy, aïeul maternel de M. Adolphe Vuitry, mort à Sens le 5 février 1810, à l'âge de quarante-six ans, avait étudié le droit ; si les circonstances le lui avaient permis et s'il en avait eu la volonté, son talent, disait-on, lui aurait assuré une place éminente dans un grand barreau ; remarquable, d'ailleurs, par l'étendue, la variété des connaissances, par le goût des arts et des lettres ; on vantait sa riche bibliothèque, ses belles collections (*b*) ; enfin, pour ajouter avec un dernier souvenir ce trait à sa physionomie — qui déjà s'efface un peu dans l'ombre, il avait les dehors froids, réservés, mais il était humain et sensible, il avait inspiré de nombreuses et fidèles amitiés.

La maison où M. Adolphe Vuitry est né, rue Beaurepaire (actuellement n° 8), a été construite en 1767-1768 par son bisaïeul maternel, et agrandie par son père ; elle a cessé d'appartenir aux Hardy en 1873. Une pierre engagée dans la voûte de la plus ancienne cave porte l'inscription suivante : 1767 *jai ete pause par M. et Mlle Hardy ce* 11 *Aoust.*

(*a*) M. Vuitry père, veuf à trente et un ans, ne s'est pas remarié. Il avait eu pour Mlle Hardy une inclination très vive en l'épousant ; lorsqu'il l'a perdue, il s'est fixé comme un fils aîné auprès de Mme Hardy la mère ; un demi-siècle n'a pas eu le pouvoir de la lui faire oublier. Les confidents de ses dernières pensées attestent quelle place unique elle a tenue dans son cœur. Il avait conservé d'elle, preuve singulière et touchante de fidélité ! une relique dont il n'a pas voulu que la mort le séparât quand ses enfants lui fermeraient les yeux, et l'on peut littéralement dire qu'il a emporté au tombeau le souvenir de ses lointaines années de bonheur.

(*b*) Tableaux, dessins, tapisseries, etc. Après la mort de M. Hardy, une partie de ses collections a été vendue ; l'autre partie, qui fut alors conservée, se trouve encore aujourd'hui en la possession de ses descendants.

EXTRAITS DES REGISTRES DE LA PAROISSE DE MACHAULT-EN-CHAMPAGNE.

1° *Baptême de Pierre* (2e) *Vuitry.*

L'an de grâce mil sept cent sept, le vingt-cinquième jour du mois de juillet, je, Nicolas Bourgoin, prêtre curé de Machault, certifie avoir baptisé le fils de Pierre Vitry et de Julienne Buneau, ses père et mère, mariés ensemble et habitants de cette paroisse, auquel on a donné le nom de Pierre. Le parrain a été Pierre Vitry et la marraine Marie Vuarnet, de la paroisse de Blanzy, qui ont signé avec moi.

P. Vuitry, M. Vuarney, Bourgoin.

2° *Inhumation de Pierre* (1er) *Vuitry.*

L'an de J.-C. mil sept cent trente-deux, le dimanche 26 octobre, est décédé à Machault Mr Pierre Vuitry, labr, mari de Julienne Buniaux sa veuve ; il était âgé d'environ soixante ans ; nous l'avons inhumé au cimetière de cette paroisse le lundi 27e, avec les cérémonies accoutumées et messe corps présent. En foy de quoy nous avons signé.

Bibert.

3° *Inhumation de Julienne Buneaux.*

Julienne Buneaux, veuve de deffunt Pierre Vuitry, est décédée à Machault, le vendredi dixième novembre 1741 ; elle était âgée de soixante-dix-sept ans. Nous l'avons inhumée au cimetière de cette paroisse le samedi onzième, avec les cérémonies accoutumées et messe corps présent. En foy de quoy nous avons signé avec les parents et amis.

Vuitry, C. Machault, B. Vuitry,
Pierre Vuitry, Bibert.

4° *Baptême de Paul Vuitry.*

L'an de J. Cht mil sept cent quarante-six, le jeudi vingt-huit avril, est né à Machault, et le même jour par nous, prêtre curé dudit Machault, a été baptisé le fils de Mr Pierre Vuitry, procureur fiscal audit lieu, et de Margtte Viellard, ses père et mère, mariés ensemble, habitants de cette paroisse : auquel a été donné le nom de Paul : le par. Paul Machault le jeune, labr audit lieu ; la mar. Jacqueline Vuitry son épouse : qui ont signez avec n.

P. Machault, Je Vuitry, Vuitry.

EXTRAIT DES REGISTRES DE LA PAROISSE DE SAINT-NICOLAS DU CHARDONNET, A PARIS.

Baptême de Julien-Marin Vuitry.

L'an mil sept cent quatre-vingt-six, le vingt-quatre février, a été baptisé Julien Marin, né d'aujourd'hui, fils de Mr Paul Vuitry, avocat et procureur au Parlement, et de dame Jeanne Victoire Vaufrouard, son épouse, demeurant rue des Bernardins, de cette paroisse. Le parrain, Me Marin Carouge, avocat au Parlement; et la marraine De Julienne Gérarde Vuitry, épouse de Me Pierre-Joseph Fremin, avocat au Parlement et greffier au Châtelet. Le père présent, et ont signé.

EXTRAIT DES REGISTRES DE LA COMMUNE DE FARGES (CHER).

Décès de Paul Vuitry.

Acte de décès de monsieur Paul Vuitry, époux de dame Jeanne Victoire Vaufrouard, décédé le vingt-trois Floréal an treize, à sept heures du matin, profession de homme de loi, âgé de cinquante-neuf ans, né à Machault en Champagne, département des Ardennes, demeurant à Paris, fils de défunt monsieur Pierre Vuitry, bourgeois, et de défunte dame Marguerite Viellard, décédé en sa terre de Bois-Bouzon, commune de Farges. Premier témoin, Joseph Augé, profession de domestique, demeurant à Farges, qui a dit être témoin du décès dudit Monsieur Paul Vuitry. Second témoin, Edm. Bameau, profession de manœuvre, demeurant à Farges, qui a dit être témoin du décès du susdit Monsieur Paul Vuitry. Et ont, lesdits témoins, déclaré ne savoir signer de ce requis. Constaté, suivant la loi, par moi, Charles Moreux, maire de Farges, soussigné, faisant les fonctions d'officier de l'état civil. Lecture faite aux parties comparantes, etc.

Moreux, maire.

EXTRAIT DES REGISTRES DE LA VILLE DE SENS (YONNE).

Naissance de Adolphe Vuitry.

L'an mil huit cent treize, le trente et un mars, à trois heures après midi, par devant nous, etc. Est comparu, en la mairie, Monsieur Julien-Marin Vuitry, ingénieur des Ponts et Chaussées, à la résidence de Sens, lequel nous a déclaré que dame Amable-Louise Hardy, son épouse, est accouchée aujourd'hui à midi, en son domicile, rue Beaurepaire, d'un enfant du sexe masculin, qu'il nous a présenté, et auquel il a donné le prénom d'Adolphe. Lesdites déclaration et présentation faites en présence de messieurs Pierre-Jean Gaillard, propriétaire, bisaïeul maternel dudit enfant, premier témoin; et Charles-Blaise Gaulthier, propriétaire, grand-oncle maternel dudit enfant, second témoin; tous deux majeurs, demeurant à Sens. Et ont, le père et les témoins, signé avec nous après lecture faite.

Vuitry, Gaillard, Gaulthier-Hardi, Soulas.

II

LISTE DES DISCOURS PRONONCÉS PAR M. VUITRY
A L'ASSEMBLÉE LÉGISLATIVE
AU SÉNAT ET AU CORPS LÉGISLATIF

(1851-1869)

SESSION DE 1851.

ASSEMBLÉE LÉGISLATIVE.

Séance du 16 juin 1851 : Discours sur les Caisses d'épargne.

Séance du 3 juillet 1851 : Discours sur la concession des paquebots de la Méditerranée.

SESSION DE 1852.

CORPS LÉGISLATIF.

Séance du 23 juin 1852 : Discours sur la situation financière (discussion générale du budget de 1853).

SESSION DE 1853.

CORPS LÉGISLATIF.

Séance du 12 mai 1853 : Discours sur un projet de loi relatif aux pensions civiles (discussion générale).

Séances des 14 et 16 mai 1853 : Observations sur les articles du même projet de loi.

SESSION DE 1854.

CORPS LÉGISLATIF.

Séance du 30 mai 1854 : Observations sur la péréquation de l'impôt foncier.

SESSION DE 1855.

CORPS LÉGISLATIF.

Séance du 12 avril 1855 : Observations sur le régime financier des départements (discussion du budget de 1856).

Séance du 13 avril 1855 : Observations sur une disposition relative à la régularisation des crédits supplémentaires et extraordinaires, ouverts par décrets en l'absence du Corps législatif (même discussion).

SESSION DE 1857.

CORPS LÉGISLATIF.

Séance du 18 mai 1857 : Discours sur la prorogation du privilège de la Banque de France.

SESSION DE 1858.

CORPS LÉGISLATIF.

Séance du 8 avril 1858 : Observations sur le règlement définitif du budget de 1855, et sur la formation d'une commission chargée d'établir le compte des dépenses de la guerre de Crimée.

Séance du 26 avril 1858 : Discours sur le budget de 1859.

Séance du 29 avril 1858 : Discours sur l'impôt des patentes.

SESSION DE 1859.

CORPS LÉGISLATIF.

Séance du 24 mai 1859 : Observations sur l'impôt des patentes.

SESSION DE 1860.

CORPS LÉGISLATIF.

Séance du 4 juin 1860 : Observations sur la comptabilité (discussion relative au règlement définitif du budget de 1857).

Séance du 26 juin 1860 : Observations sur l'affectation du reliquat de l'emprunt de 1859 à des travaux d'utilité générale.

Séance du 11 juillet 1860 : Observation sur le budget de 1861 (discussion générale).

Séance du 16 juillet 1860 : Observations sur les demandes de diminution d'impôts.

SESSION DE 1861.

CORPS LÉGISLATIF.

Séance du 6 juin 1861 : Observations sur le budget de 1861 (discussion générale).

SESSION DE 1862.

CORPS LÉGISLATIF.

Séance du 7 février 1862 : Discours sur la conversion des rentes.

Séance du 8 février 1862 : Observations sur le même sujet.

Séance du 17 février 1862 : Discours sur un projet de loi relatif aux emprunts à faire par les départements, etc.

Séance du 23 juin 1862 : Discours sur l'impôt des chevaux et des voitures.

SESSION DE 1863.

CORPS LÉGISLATIF.

Séance du 23 avril 1863 : Discours sur le budget de 1864 (discussion générale).

SESSION DE 1864.

CORPS LÉGISLATIF.

Séance du 24 décembre 1863 : Discours sur la dette flottante et les découverts, les bons du Trésor (discussion du projet de loi relatif à un emprunt de 300 millions).

Séance du 9 janvier 1864 : Discours sur les suppléments de crédits de l'exercice 1863 (conduite des finances dans les dix premières années de l'Empire, etc.).

SÉNAT.

Séance du 29 janvier 1864 : Observations relatives aux suppléments de crédits de l'exercice 1863.

CORPS LÉGISLATIF.

Séance du 9 mai 1864 : Discours sur le budget de 1865 (discussion générale).

SESSION DE 1865.

CORPS LÉGISLATIF.

Séance du 1er avril 1865 : Discours sur les comités électoraux.

Séance du 10 avril 1865 : Discours sur la question religieuse.

Séance du 6 juin 1865 : Discours sur le budget de 1866 (discussion générale).

Séance du 13 juin 1865 : Observations sur les pensions militaires liquidées avant la loi de 1861.

Séance du 22 juin 1865 : Observations sur l'impôt des chevaux et des voitures.

Séance du 24 juin 1865 : Observations sur la dotation de l'armée.

SESSION DE 1866.

SÉNAT.

Séance du 10 février 1866 : Observations sur le projet de Code rural.

CORPS LÉGISLATIF.

Séance du 6 mars 1866 : Discours sur la nomination des maires.

Séance du 12 mars 1866 : Observations sur la proposition de confier l'enquête agricole au Corps législatif.

Séance du 17 mai 1866 : Observations sur un projet de loi relatif aux Conseils généraux.

Séances des 18 et 19 mai 1866 : Observations sur les articles 1 et 2 du même projet de loi.

Séance du 9 juin 1866 : Observations et Discours sur la Caisse d'amortissement.

Séance du 30 juin 1866 : Observations sur la délimitation du jardin du Luxembourg.

SESSION DE 1867.

CORPS LÉGISLATIF.

Séance du 25 février 1867 : Discours sur le retrait de l'Adresse.

Séance du 9 avril 1867 : Observations sur un projet de loi relatif aux conseils municipaux (bons des communes ; intervention du préfet en cas de désaccord du maire et du conseil municipal).

Séance du 12 avril 1867 : Observations sur l'élection du Conseil municipal à Paris et à Lyon (discussion du même projet de loi).

Séance du 13 avril 1867 : Observations sur la dissolution des Conseils municipaux et le droit pour le Gouvernement de nommer une commission municipale (même discussion).

Séance du 22 juin 1867 : Discours sur les crédits supplémentaires de 1866.

Séance du 5 juillet 1866 : Discours sur les budgets rectificatifs.

Séance du 12 juillet 1867 : Observations sur les pensions civiles, etc. (discussion du budget de 1868).

SESSION DE 1868.

CORPS LÉGISLATIF.

Séance du 31 décembre 1867 : Discours sur l'organisation, la composition, le caractère de la Garde nationale mobile (discussion d'un projet de loi relatif au recrutement de l'armée et à l'organisation de la Garde nationale mobile).

Séance du 9 janvier 1868 : Observations sur l'époque du 1er juillet, fixée pour le commencement du service militaire (discussion du même projet de loi).

Séance du 11 janvier 1868 : Discours sur les dispenses de service et sur la faculté de remplacement dans la Garde nationale mobile (même discussion).

Séance du 14 janvier 1868 : Discours sur la question de rétroactivité de certaines dispositions relatives au service dans la Garde nationale mobile (même discussion).

Séances des 5, 6, 7 et 11 février 1868 : Observations diverses sur le cautionnement et le timbre des journaux (discussion d'un projet de loi relatif à la presse).

Séance du 13 juin 1868 : Observations sur un projet de loi relatif à l'achèvement des chemins vicinaux.

Séance du 16 juin 1868 : Observations sur un projet de loi autorisant la compagnie de l'Isthme de Suez à émettre des titres à lots.

Séance du 26 juin 1868 : Observations sur le chiffre du contingent militaire.

Séance du 22 juillet 1868 : Observations sur le timbre des affiches.

Séance du 23 juillet 1868 : Observations sur l'augmentation des anciennes pensions militaires.

SESSION DE 1869.

CORPS LÉGISLATIF.

Séance du 5 mars 1869 : Discours sur le vote du budget de la Ville de Paris pour le Corps législatif.

Séance du 6 mars 1869 : Observations sur le même sujet.

Séance du 12 mars 1869 : Observations et Discours sur les attributions du pouvoir exécutif touchant le Domaine (discussion d'un projet de loi relatif à l'aliénation de parcelles détachées du jardin du Luxembourg).

Séance du 13 mars 1869 : Discours sur le droit d'affectation et de désaffectation (même discussion).

Séance du 7 avril 1869 : Observations sur les pensions des instituteurs.

Parmi les travaux importants de M. Vuitry au conseil d'État, on doit citer :

1° Un rapport sur l'Organisation communale (1850) ;

2° L'exposé des motifs d'un projet de loi relatif à la refonte des monnaies de cuivre (1852) ;

3° L'exposé des motifs d'un projet de loi portant prorogation du privilège de la Banque de France (1857) ;

4° L'exposé des motifs d'un projet de sénatus-consulte portant modification des articles 4 et 12 de celui du 25 décembre 1852 (1861).

M. Vuitry a signé comme rapporteur les exposés des motifs des lois financières depuis 1855 jusques et y compris 1863.

III

LISTE DES OUVRAGES

PUBLIÉS PAR M. VUITRY

1° *Études sur le régime financier de la France avant la Révolution de* 1789. — Les impôts romains dans la Gaule, du cinquième au dixième siècle ; le régime financier de la monarchie féodale aux onzième, douzième et treizième siècles.

Un vol. gr. in-8° ; Paris, 1878, Guillaumin et Ce, éditeurs.

2° *Etudes sur le régime financier de la France avant la Révolution de* 1789, nouvelle série. — Philippe le Bel et ses trois fils ; les trois premiers Valois.

Deux vol. gr. in-8° ; Paris, 1883, Guillaumin et Ce, éditeurs.

3° *Le désordre des finances et les excès de la spéculation à la fin du règne de Louis XIV et au commencement du règne de Louis XV.*

Un vol. in-18 ; Paris, 1885, Calmann Lévy, éditeur.

Cet ouvrage avait paru d'abord en quatre articles dans la *Revue des deux mondes*, les 15 décembre 1883, 15 janvier, 15 mars et 15 avril 1884.

On a imprimé, depuis la mort de M. Vuitry, un choix de ses *Rapports* et de ses *Discours* (Un vol. gr. in-8° ; Paris, 1887, Hennuyer, imprimeur) ; ce volume, tiré seulement à cent exemplaires, n'est pas dans le commerce.

IV

DISCOURS PRONONCÉS

AUX FUNÉRAILLES DE M. VUITRY

Membre de l'Académie des sciences morales et politiques (1).

DISCOURS DE M. GEFFROY

Président de l'Académie des sciences morales et politiques.

MESSIEURS,

L'Académie des sciences morales et politiques perd en la personne de M. Adolphe Vuitry un des meilleurs représentants des éminentes qualités de caractère et d'esprit qu'elle recherche et estime le plus, un de ses membres les plus dévoués à ses plus hauts intérêts, un de ceux qui, par une belle unité de vie et de travaux, lui ont fait le plus d'honneur.

Né à Sens le 31 mars 1813, M. Vuitry donna dès son éducation première le viril exemple, trop rarement reproduit, d'une culture simultanée des lettres et des sciences. Il fut reçu dans les premiers rangs élève à l'École polytechnique et avocat à la Cour d'appel de Paris. Mais il ne demandait à cet ensemble d'études spéciales que la philosophie qui s'en dégage, et, du faisceau qu'il avait embrassé, il ne retint que deux branches, le droit administratif et la science financière.

M. Martin (du Nord), qui venait d'entrer dans le cabinet du 29 octobre comme ministre de la justice, le nomma en 1841 chef de la première section de l'administration des cultes, poste difficile, où se traitaient

(1) Les obsèques de M. Vuitry ont été célébrées à l'église de Saint-Augustin, le samedi 27 juin 1885; l'inhumation a eu lieu au cimetière du Père-Lachaise.

les questions les plus délicates, la nomination du personnel, les rapports entre l'Église et l'État. M. Vuitry n'avait que vingt-huit ans; mais il était assurément déjà ce qu'il fut toute sa vie, en même temps l'homme du devoir et de la loi et l'appréciateur attentif des plus hautes convenances. En 1846 enfin, il devenait maître des requêtes, et l'on peut dire qu'à partir de ce jour il a appartenu tout entier au conseil d'État. S'il fut en 1851 sous-secrétaire d'État aux finances, ce ne fut que pour quelques mois, et dès janvier 1852 il rentrait au Conseil. S'il fut en 1863 gouverneur de la Banque, on s'empressa de le nommer en même temps conseiller en service ordinaire hors sections, avec titre et rang de président, car on ne voulait ni on ne pouvait se passer de ses services, notamment de sa parole aux Chambres. Il occupa successivement dans le Conseil tous les degrés de la hiérarchie, jusqu'à ce que, en 1864, un décret impérial l'élevât au rang de ministre président.

Ce grand corps a donc eu le meilleur de sa vie active, pendant vingt-trois années, depuis 1846 jusqu'à 1869, où M. Vuitry fut nommé sénateur. Ceux qui furent alors ses collaborateurs, et dont les survivants sont ici, au premier rang de ses amis les plus affligés, particulièrement notre très cher confrère M. Aucoc, qui l'aimait tant, et dont le nom est inséparable des souvenirs du Conseil d'alors, diront avec plus d'autorité que je ne saurais le faire ce que fut M. Vuitry dans cette haute magistrature.

Dès son entrée au Conseil, il s'était distingué de telle sorte que la Révolution de 1848 ne l'écarta pas. N'étant encore que maître des requêtes, commissaire du Gouvernement près le conseil d'État au contentieux, il fut chargé par M. Vivien, président de la section de législation, du rapport sur un important projet de loi concernant l'administration communale. C'était un honneur insolite, qui fut très remarqué et très approuvé.

Soit qu'il fût appelé à soutenir devant les Chambres les lois concernant les finances, soit que, dans l'intérieur du Conseil, il discutât les projets de lois, les règlements d'administration publique ou les avis à émettre, en toutes ces occasions son talent était merveilleux. Il se montrait rapporteur admirable, tant il savait exposer habilement et concilier. Surtout il discutait avec une lucidité extraordinaire, qui répandait un charme incomparable sur la trame forte et serrée de son raisonnement. A la fois il enveloppait, subjuguait et séduisait. Ajoutez sa hauteur morale. Nul n'a mieux compris, nul n'a mieux mis en pratique la devise du conseil d'État : conciliation, fermeté, indépendance. Aussi combien n'y était-on pas fier de lui ! La mémoire vit encore de la double ovation qui lui fut faite, d'abord lors de son installation comme ministre président, puis quand il installa lui-même les trois présidents de sections qu'il avait su faire choisir dans le sein du Conseil, par la voie hiérarchique, et pour ainsi dire en vertu d'une acclamation unanime. De tels souvenirs permettent de mesurer par quels mérites absolument hors ligne il obtenait de tels hommages. Ici rien de factice ; ces mérites n'étaient pas de ceux qu'un retentissement éphémère vante au loin et bien souvent profane. Cette éloquence d'affaires, qui n'a d'autres objets que la vérité et la justice, la protection des droits privés et le bon droit de l'État, qui ne s'adresse pas aux passions, mais aux lumières et à la sincérité d'un auditoire peu nombreux et d'élite, qu'on doit persuader, cette austère et bienfaisante parole, qui était si bien chez M. Vuitry la naturelle expression non seulement d'une science consommée, mais de la dignité de caractère et de l'élévation d'âme, n'est-ce pas à la fois une vertu et une puissance qui, de tous temps, a conquis le respect, ce qu'un ancien qualifie en des termes applicables à celui que nous perdons : *nihil gravius, sanctius, doctius... omnes bonæ artes in uno homine* (1) ?

Un tel homme ne pouvait manquer à l'Académie des sciences morales et politiques. Il y fut élu le 5 mars 1862, dans la section de politique, administration et finances, d'où il passa dans la section d'économie politique.

Ce qu'il a été comme académicien, c'est bien à nous qu'il appartient d'en parler. J'ai dit que nul n'était plus jaloux de la dignité et de l'honneur de notre Compagnie, parce qu'il voyait dans l'Institut tout entier une force vive du pays. Il voulait que l'Académie des sciences morales et politiques donnât, pour ce qui la concerne, l'exemple du sérieux travail, et qu'elle servît vraiment la cause de la science. C'est pour cela qu'il fut un des premiers à souhaiter et à provoquer la résolution de reprendre la publication des *Ordonnances des rois de France* là où l'Académie des inscriptions l'avait laissée.

J'ai dit que cette cause de la dignité académique, il l'avait grandement servie lui-même par ses travaux historiques, et c'est là un nouvel aspect de cette attachante physionomie. Je n'en pourrai signaler ici que

(1) Pline le jeune, *Ep.*, I, 22.

quelques traits. — M. Vuitry ne composa des livres qu'après avoir consacré trente années aux fonctions publiques. C'est dire que cette vive intelligence, vouée à l'action, entendait bien continuer l'action sous une autre forme. L'histoire attire volontiers, dans leur retraite, les hommes qui ont pris part ou seulement intérêt aux grandes affaires, parce qu'ils retrouvent dans l'étude du passé la même mêlée de passions, d'intérêts et d'efforts au milieu de laquelle ils ont vécu, les origines des institutions qu'ils ont contribué à corriger ou à défendre, les explications premières ou la justification de la conduite qu'ils ont tenue. M. Vuitry s'était proposé d'abord de décrire les finances françaises à la veille de la Révolution : lui aussi, ce problème l'attirait, à savoir si l'abîme est insondable entre la vieille France et la France nouvelle. Son esprit calculateur et logique lui démontra bientôt que ce qui existait à la veille de 89, c'était après tout, sauf alliage, le trésor accumulé de la sagesse de beaucoup de siècles : d'une part, la France nouvelle n'avait pu récuser entièrement un tel patrimoine et tout refaire à nouveau ; d'autre part, il fallait que l'historien remontât, au moins pour plusieurs questions vitales, jusqu'aux premiers temps. Ses belles *Études sur le régime financier de la France avant la Révolution de 1789*, en trois volumes, auxquels s'ajoute son intéressant tableau des *Excès de la spéculation au début du règne de Louis XV*, forment une œuvre magistrale à sa manière, œuvre non d'archéologue ni d'érudit, mais d'historien politique et de praticien expérimenté.

M. Vuitry jouissait parmi nous, comme jadis au conseil d'État, d'une incomparable autorité, qui reposait sur le respect et l'affection. Nul n'était consulté davantage ni plus utilement. Aussi aimait-il ces séances du samedi qui, pendant la saison d'hiver, le ramenaient chaque semaine vers nous.

A tout ce que je n'ai pas dit ceux-là suppléeront aisément qui ont pu connaître en M. Vuitry l'homme même, et jouir de son commerce bienveillant. Nous la voyons encore avec nos récents souvenirs, cette physionomie affable et grave ; nous l'entendons, cette voix affectueuse et discrète. On se sentait auprès de lui encouragé, soutenu, élevé. Le nombreux concours de cette triste cérémonie dit assez quelle place il occupait dans la société parisienne, et ceux qui ont eu l'honneur d'être admis à son foyer ont vu quels hommages presque quotidiens venaient l'y chercher. Il les partageait à bon droit avec la noble et digne compagne qui lui avait été donnée, avec une famille en qui se retrouve sa distinction suprême. Hélas! nous le savions entouré de si tendres soins que nous espérions le conserver encore. Mais lui se sentait frappé ; on le voyait à ce voile de tristesse qu'il n'écartait plus qu'à peine. La mort lui est venue subitement ; elle ne l'aura pas entièrement surpris : il a pu offrir sa vie entière pour gage de toutes les grandes espérances. Il nous laisse le souvenir et l'exemple de rares talents, qui s'inspiraient des plus nobles qualités de l'âme, et, pour tout dire en un mot, d'une sincère et délicate vertu.

DISCOURS DE M. GEORGES PICOT

Membre de l'Académie des sciences morales et politiques.

AU NOM DE LA SOCIÉTÉ DE L'HISTOIRE DE FRANCE

Messieurs,

Il y a des natures rares qui, laissant partout où elles passent des traces profondes, savent à la fois séduire les esprits et attirer les cœurs par un charme pénétrant. Dans la douleur où sont plongés tous ceux qui ont connu, qui ont aimé M. Vuitry, je ne me pardonnerais point de ne pas venir déposer sur cette tombe, au nom de la Société de l'Histoire de France, l'hommage de nos regrets.

En une période de quarante-deux ans, la Société n'avait connu que deux présidents : M. de Barante et M. Guizot. Dix-huit mois après la mort de l'historien de la civilisation en France, elle choisissait M. Vuitry. Seul, il en fut étonné. Huit ans se sont écoulés depuis qu'il a cessé ses fonctions et pourtant nul dans notre Compagnie ne comprendrait qu'on ne rendît pas aujourd'hui, à celui qu'elle a eu l'honneur de voir une année à sa tête, un dernier et solennel hommage.

D'autres ont su parler de l'économiste, du financier, de l'homme d'État; nous voulons saluer en lui l'historien, nous voulons redire d'un mot ce qu'ont ajouté à son nom d'éclat durable les travaux des quinze dernières années de sa vie.

L'honneur des hommes tombés du pouvoir en ce siècle a été de chercher leur consolation dans les lettres, mais la plupart revenaient ainsi, vers le déclin de leur vie, aux études de leur jeunesse : les lettres les avaient prêtés aux affaires publiques ; les déceptions les ramenaient au point de départ, comme un soldat mutilé revient au pays natal.

L'originalité de M. Vuitry a été de commencer à soixante ans, pour la première fois, des recherches historiques et de devenir un maître.

Grand exemple en des temps troublés! Mémorable enseignement donné à toutes les intelligences qui se disent lasses de l'inaction et qui sont incapables d'agir! M. Vuitry n'a d'abord demandé aux travaux historiques qu'une consolation : il n'a pas tardé à découvrir toutes les jouissances qu'ils pouvaient lui apporter.

Un jour, dans une de nos séances, au moment où il achevait ses premières recherches, il s'est laissé aller à nous parler des études qui lui avaient ménagé de si heureuses surprises : « L'homme, disait-il, qui, dès le début de la vie, a dû se vouer tout entier aux labeurs et aux soucis incessants des fonctions publiques, et pour lequel l'heure de la retraite a sonné avant qu'il ait perdu toute faculté de travail et toute activité d'esprit, vient aussi demander à l'histoire un utile emploi de ses loisirs. L'étude et la contemplation du passé peuvent lui donner le moyen de vérifier, de contrôler l'opinion qu'il s'est faite des choses et des hommes de son temps, et l'expérience pratique qu'il a pu acquérir de l'administration, du gouvernement, de tous les grands intérêts sociaux, lui permet quelquefois de pénétrer plus profondément le sens des institutions détruites, d'en juger plus sainement le caractère et le fonctionnement (1). »

Dès ses premières études, nous fûmes émerveillés de sa hardiesse à aborder les problèmes les plus obscurs, et des lumières qu'en faisait jaillir l'admirable lucidité de son esprit. Dans sa modestie, il ne se proposait que d'être « un rapporteur fidèle, clair et précis ». Il définissait ainsi, sans y prétendre, les mérites essentiels de l'historien. M. Vuitry y ajouta un style toujours exact et parfois d'une sobriété éloquente. A mesure qu'il poursuivait son œuvre, son autorité grandissait dans notre Société, au Comité des travaux historiques, partout où le conduisait son infatigable activité. Chacun de nous suivait ses travaux, mesurait leur progrès, s'inquiétait de ses forces, les comparait à la tâche qu'il avait entreprise, se demandait avec anxiété combien de chapitres il pourrait tracer, combien de volumes nous pourrions encore lire. Il

(1) Discours prononcé le 1er mai 1877 à l'Assemblée générale de la Société de l'Histoire de France.

nous disait souvent qu'il était fort malade; mais sa sérénité nous rassurait aussitôt. La curiosité de son esprit était toujours en éveil ; il aimait à exposer le plan de ses recherches, discutait les points douteux, semblait les pénétrer de son regard perçant, et nous disait adieu, il y a peu de jours, en promettant de nous rapporter, à la fin de l'automne, l'histoire des finances sous Charles VII.

Hélas ! de toutes ces promesses, il ne reste que le souvenir d'une parole aimée dont nous n'entendrons plus le son, d'une intelligence sûre, droite et impartiale que nul ne consultait sans profit, d'une âme qui était le centre et la vie d'une famille digne de lui !

Qu'au milieu de nos regrets nous conservions du moins, vivante parmi nous, la mémoire de cet esprit sagace et profond, de ce cœur si large et si fidèle à ses attachements ! Que toutes les amitiés qu'il a su éveiller et retenir, dont il aimait à s'entourer, qui ont fait la joie et la parure de sa vie, viennent, à l'heure des desseins mystérieux de la Providence, se presser autour de sa tombe et remercier Dieu d'avoir rencontré sur cette terre un tel ami !

DISCOURS DE M. AUCOC

Membre de l'Académie des sciences morales et politiques.

Messieurs,

Quand les sociétés au milieu desquelles M. Vuitry a passé les dernières années de sa longue et brillante carrière apportent sur cette tombe l'expression de leurs regrets, ne serait-il pas pénible pour beaucoup d'entre vous que nul ne vînt exprimer ici les regrets des membres de cet ancien conseil d'État qui a été le centre de la vie intellectuelle de M. Vuitry, du corps où il a conquis la plus grande partie de sa réputation et de ses affections ?

Par suite des vicissitudes de la politique, un hommage officiel ne peut lui être rendu au nom du conseil d'État qu'il a tant honoré pendant plus de vingt ans. La bienveillance avec laquelle il m'a encouragé dans ma jeunesse, l'amitié qu'il me témoignait depuis longtemps, et dont il me renouvelait encore l'assurance dans une lettre écrite le jour même de sa mort, m'autorisent peut-être à rappeler ici des souvenirs intimes et à dire comment M. Vuitry était pour nous un guide, un appui, un modèle et un ami.

Toutes les qualités de son esprit et de son caractère étaient celles qui convenaient le mieux aux fonctions du conseil d'État.

L'étendue et la variété de ses connaissances, la souplesse de son esprit également exercé aux études mathématiques et aux études juridiques, une facilité de travail qui n'enlevait rien à la sûreté des appréciations, une sagacité toujours en éveil lui faisaient voir clair et voir juste dans les affaires les plus difficiles.

Le zèle du bien public était chez lui inséparable du respect scrupuleux de la règle, de la loi; il ne soutenait que les solutions les plus correctes et les plus prudentes.

Il n'hésitait jamais à dire l'opinion que lui dictait sa conscience, alors même qu'elle était de nature à déplaire.

Sa parole nette, sobre, élégante, animée, selon les circonstances, par la finesse ou par une émotion contenue, mais toujours exempte d'apprêt, jetait la lumière dans les discussions.

La grande réputation qu'il s'est acquise par ses travaux sur les matières financières, par ses discours devant les Chambres, par ses beaux livres d'histoire ; les postes qu'il a occupés à diverses reprises en dehors du Conseil, celui de sous-secrétaire d'État au ministère des finances en 1851, celui de gouverneur de la Banque de France en 1863, pourraient faire croire qu'il s'était enfermé dans cette spécialité. Il n'en était rien ; toutes les branches du droit et de l'administration lui étaient familières.

Il avait approfondi les questions les plus délicates de l'Administration des cultes lorsqu'il avait été chargé de diriger une partie de ce service avant d'entrer au Conseil. Quand il fut appelé en 1849, comme maître des Requêtes, à remplir les fonctions difficiles du ministère public près la section du contentieux, il traita avec une égale sûreté les questions les plus variées du contentieux administratif. En 1850, M. Vivien, alors président de la section de législation, le plaçait au rang des conseillers d'État en lui confiant le soin de faire le rapport d'un projet de loi considérable sur l'ensemble de l'administration municipale, et il s'acquitta de cette tâche avec un grand succès.

Il n'a jamais cessé d'étendre l'horizon de ses études et, après avoir quitté les affaires publiques, il a travaillé jusqu'à son dernier jour.

Tous ces mérites auraient suffi pour faire de M. Vuitry un conseiller d'État éminent. Il les complétait par une bienveillance constante qui leur donnait quelque chose d'achevé. Ce ne sont pas seulement ses amis, ceux qui ont goûté le charme de son commerce intime qui peuvent en rendre témoignage ; tous ceux qui ont été en relation avec lui ont gardé le même souvenir. Non pas que cette bienveillance fût banale, et qu'elle se prodiguât en paroles ; mais elle se faisait sentir dans les actes. Elle était surtout un puissant encouragement pour les jeunes gens qui se groupaient autour de lui et dont il dirigeait les travaux. Il contribuait ainsi à former des hommes qu'il animait par son exemple, qu'il appuyait et qu'il faisait réussir. J'en connais qui n'oublieront jamais les services qu'il leur a rendus.

Aussi quand il fut appelé en 1864 à la présidence du Conseil, il y eut dans tous les rangs de la hiérarchie une vive émotion, une satisfaction profonde. C'était la première fois qu'un membre du Conseil, parti des rangs inférieurs, arrivait, par son mérite et en dehors des services politiques, à présider ce grand corps. Chacune des phrases de son discours d'installation fut saluée par des applaudissements unanimes. Il n'avait pas besoin de parler longuement pour dire quelle serait sa règle de conduite. Sa carrière tout entière était la plus éloquente des professions de foi. Tout le monde avait confiance en lui, dans son savoir, dans son caractère, dans son indépendance, dans sa justice, dans sa bonté. Tout le monde était sûr qu'il gouvernerait sagement le Conseil, qu'il saurait fournir à ses collaborateurs l'occasion de mettre en relief leurs mérites et que son autorité grandirait encore par de nouveaux succès dans les débats des Chambres.

Cette confiance a été justifiée d'une manière éclatante pendant les cinq années de sa présidence.

Que pourrais-je ajouter? Toutes ces marques d'estime, de sympathie, d'affection, données avec tant de chaleur dans cette séance solennelle par les témoins de la vie de M. Vuitry ne suffisent-elles pas pour faire juger sa carrière au conseil d'État? N'y a-t-il pas là un souvenir des plus précieux pour ceux qui l'ont aimé, pour cette famille hier encore si justement fière et si heureuse, aujourd'hui plongée dans le deuil, pour ceux qui viennent ici lui dire adieu et au revoir?

DISCOURS DE M. BOISSIER

Membre de l'Académie française.

Permettez-moi, Messieurs, de dire un dernier adieu à M. Vuitry, au nom de ceux qu'il a honorés de son amitié, et qui l'ayant vu de plus près ont pu mieux connaître ses nobles et rares qualités. On vous a parlé du politique, de l'historien, du légiste ; l'homme valait mieux encore. Quoique M. Vuitry ait occupé les plus hautes fonctions de l'État, qu'il ait paru avec honneur dans les parlements, qu'il ait été mêlé à de grandes affaires, c'était avant tout un homme d'intérieur et d'intimité. Jamais il n'était plus heureux qu'avec les siens. Pour le bien juger, c'est à son foyer qu'il fallait le voir, à côté de cette compagne dévouée, qui a fait la joie de sa vie, et qui supportera difficilement la douleur de l'avoir perdu, auprès de ses enfants et de ses petits-enfants qu'il adorait. A ce cercle de famille il aimait à joindre quelques amis : c'étaient en général de très vieilles relations, car on lui restait toujours fidèle lorsqu'on l'avait connu, et lui, quand une fois il avait donné son affection, ne la reprenait guère. Dans ces réunions intimes, cette nature un peu timide et réservée se livrait tout entière. C'est là qu'on pouvait apprécier toutes les richesses de cette conversation qu'avaient nourrie à la fois la pratique des hommes et l'étude du passé. C'était un trésor inépuisable de souvenirs, d'anecdotes, d'observations. Elle savait être profonde sans pédantisme et piquante sans méchanceté, et l'on était toujours surpris de ce qu'elle avait de calme, d'apaisé, de serein.

Ceux qui ont vécu longtemps dans les régions politiques où l'on est mêlé malgré soi à tant de rivalités acharnées, où l'on a le spectacle des convoitises honteuses, des faiblesses, des lâchetés, y prennent d'ordinaire une mauvaise idée des hommes. La ferme raison de M. Vuitry l'a préservé de cette injustice. Il n'avait pas pour système de préjuger toujours le mal de peur de paraître dupe. Il était bienveillant même à ses adversaires, et ne croyait pas que ceux qui pensaient autrement que lui fussent inévitablement condamnés à être des fripons ou des sots. Quoiqu'il fût un des puissants de la veille, il ne témoignait aucune mauvaise humeur contre les puissants du jour. Quand la tempête de 1870 le jeta sur le rivage, il lui sembla qu'il était arrivé au port ; comme il quitta le pouvoir sans regret, loin d'en vouloir à ses successeurs, il était tenté de les remercier de s'être chargés d'un fardeau qui pesait à ses épaules. Lorsqu'on a joué les grands rôles dans le monde, il est bien rare qu'on ne soit pas tenté de rapporter tout à soi, et de songer à soi-même, toutes les fois qu'on parle des autres. C'est un sentiment que n'a jamais connu M. Vuitry ; il est difficile d'imaginer un homme qui ait su à ce point s'oublier, se détacher de lui, faire abstraction de sa personne et de son passé, porter enfin, dans tous ses jugements, tant de justice et d'impartialité ; quand il était amené à parler des affaires auxquelles il avait pris part comme ministre, il le faisait d'une façon si simple et si libre qu'il semblait qu'elles lui étaient tout à fait étrangères. On aurait dit, à l'entendre, qu'il avait toujours été dans les rangs du public, jamais sur le théâtre. De sa retraite, où il se trouvait si heureux, il suivait volontiers, comme le sage de Lucrèce, les vicissitudes de la politique, et il aimait à dire son opinion sur les hommes et sur les choses. Nous le consultions souvent comme un juge expérimenté, et nous étions toujours frappés de la finesse de ses observations et de la netteté de ses vues. Il n'y a rien de plus difficile que de bien apprécier les faits contemporains, soit que les passions du moment obscurcissent notre esprit, soit qu'on ne voie pas bien ce qu'on regarde de trop près. M. Vuitry nous surprenait par la manière dont il savait remettre chaque chose à son jour. Il raisonnait froidement sur un événement de la veille, comme s'il s'était passé un demi-siècle avant nous, et semblait tenir d'avance le langage de la postérité. S'il soufflait quelquefois sur nos illusions exagérées, il nous empêchait aussi de céder à des découragements excessifs. La connaissance profonde qu'il avait de l'histoire de France lui servait toujours à trouver dans le passé des précédents qui nous rassuraient. C'est dans cet esprit que dernièrement il a tracé le tableau des misères qui ont attristé les dernières années de Louis XIV et des folies auxquelles la France s'est laissée séduire sous la Régence. Il y a, dans ce récit brillant, mieux qu'une page d'histoire ; c'est une leçon qu'il a voulu nous donner : il nous montre que les misères et les folies sont de tous les temps, que la France les a plus d'une fois connues, et qu'après en avoir souffert, elle a fini par en triompher. C'est ce qu'il nous disait sans cesse, et nous sortions de ces entretiens plus fermes, plus résolus, plus confiants, heureux de trouver dans le passé des exemples qui nous faisaient mieux augurer de l'avenir.

A ces dons de l'intelligence, si rares, si exquis, il faudrait, pour avoir un portrait fidèle de M. Vuitry, joindre les qualités du cœur. Passionnément dévoué aux siens ; bon, affectueux pour ses amis, il prenait part à tout ce qui leur arrivait, s'affligeant de leurs peines, joyeux de leurs succès, et toujours empressé à leur être utile. Aussi, Messieurs, tous ceux qui ont vécu dans cette intimité charmante, que j'aurais voulu faire revivre, conserveront-ils fidèlement son souvenir. Comme ils sont à l'âge où les liaisons nouvelles ne se forment guère, il laisse dans leurs existences un vide qui ne se remplira pas, et vous comprenez la douleur profonde qu'ils éprouvent en voyant se fermer cette tombe qui leur enlève un des esprits les plus distingués, une des meilleures âmes qu'ils aient connus.

V

NOTE

SUR LES PRINCIPALES PUBLICATIONS

RELATIVES A M. ADOLPHE VUITRY

(JUIN 1885 — MAI 1887)

1° *Discours prononcés aux funérailles de M. Vuitry, membre de l'Académie des sciences morales et politiques*, par MM. Geffroy, Picot, Aucoc, président et membres de cette Académie, et par M. Boissier, membre de l'Académie française (ces discours sont reproduits ci-dessus);

2° *Un administrateur financier, M. Adolphe Vuitry et ses œuvres*, article publié par M. Albert Sorel dans le journal *le Temps*, numéro du 20 août 1885;

3° *Notice sur M. Adolphe Vuitry, ancien ministre, membre de l'Institut*, lue à l'assemblée générale de l'Association des anciens secrétaires de la conférence des avocats de Paris, par M. G. Picot (de l'Institut), le 9 janvier 1886;

4° *Notice sur la vie et les travaux de M. Adolphe Vuitry*, lue à l'Académie des sciences morales et politiques, par M. Cucheval-Clarigny (de l'Institut), le 16 avril 1887.

Voir encore les passages consacrés au souvenir de M. Vuitry dans les discours suivants :

1° Discours prononcé le 7 novembre 1885 à l'Académie des sciences morales et politiques, par M. Martha;

2° Discours prononcé le 9 janvier 1886 à l'Académie des sciences morales et politiques, par M. Geffroy ;

3° Discours prononcé le 3 avril 1886 au cercle Saint-Simon, par M. G. Monod ;

4° Discours prononcé le 4 mai 1886 à l'assemblée générale de la Société de l'Histoire de France, par M. G. Picot.

FAC-SIMILÉ

d'un Avant-propos écrit en 1882 ou 1883 par M. VUITRY pour un Recueil de ses Rapports et de ses Discours.

C'est pour vous, mes chers enfants, que j'ai eu la pensée de réunir en ce volume quelques rapports et quelques discours qui déjà publiés par leur objet, presque tous ne méritaient pas de l'être nouveau. Vous aimez votre grand père, je le sais : je désire que vous puissiez connaître quelque chose de sa vie et de ses travaux. Vous avez entendu dire qu'il a fait partie pendant 27 ans du Conseil d'état ; qu'il y a été Maître des requêtes, Conseiller, — Président de la section des finances, Président du Conseil avec titre et rang de Ministre, ~~et~~ que deux fois il a quitté momentanément le Conseil d'état pour remplir les fonctions de Sous-Secrétaire d'état au Ministère des finances et celles de Gouverneur de la Banque de France. Si vous avez un jour la curiosité de connaître ~~quelques uns~~ les travaux dont il a été chargé dans l'exercice de fonctions qui lui —

faisaient prendre part aux délibérations des assemblées publiques, vous aurez quelque peine à les retrouver dans les nombreux volumes du Moniteur et du Journal officiel. C'est pour vous éviter cette recherche que j'ai voulu vous en offrir ici ~~les plus importants~~ quelques uns. Puissiez vous penser après les avoir lus qu'ils ont bien rempli une carrière honnête et laborieuse. Dans l'accomplissement des devoirs de la vie publique, je n'ai pas eu d'autre ambition

---

TABLE DES MATIÈRES

www.ingramcontent.com/pod-product-compliance
Ingram Content Group UK Ltd.
Pitfield, Milton Keynes, MK11 3LW, UK
UKHW021950260726
13994UKWH00004B/1643

9 782329 431642